フランスの裁縫箱でみつけた ちいさなクロスステッチ 600

著 ヴェロニク・アンジャンジェ　コリンヌ・ラクロワ　エレーヌ・ル・ブール
訳 築野友衣子

マール社

日本語版版権所有

300 motifs au point de croix Home sweet home
300 motifs au point de croix Animaux, nature, saisons

Copyright © 2014 Mango, Paris. All rights reserved.
Japanese translation rights arranged with Mango through Japan UNI Agency, Inc., Tokyo.

Table des matières
もくじ

♥ クロスステッチの基本　　　　　　　　　　　　　　　P4
　La base du point de croix

♥ 刺し方について　　　　　　　　　　　　　　　　　　P6
　Comment broder

♥ 作ってみよう！
　C'est parti !
　● ハサミケース　　　　　　　　　　　　　　　　　　P8
　● ビスコーニュ　　　　　　　　　　　　　　　　　　P9
　● ベルランゴ　　　　　　　　　　　　　　　　　　　P10
　● しおり　　　　　　　　　　　　　　　　　　　　　P11

♥ 第1章　暮らし　　　　　　　　　　　　　　　　　　P12
　1ère partie La douce maison

♥ 第2章　動物、草花、季節　　　　　　　　　　　　　P54
　2ème partie Animaux, Nature, Saisons

クロスステッチの基本　La base du point de croix

本書の写真ページのクロスステッチは、下記の糸と布を使用して制作しています。

- 刺しゅう糸・・・DMC 25 番刺しゅう糸（刺し本数 2 本取りにて使用）
- 刺しゅう布・・・DMC リネン 32ct（1cm あたり 12 目）色番号：B5200

❤ 刺しゅう糸について

クロスステッチには 25 番の刺しゅう糸がよく使われます。
刺しゅうをする際に一般的に使用される刺しゅう糸で、色の種類も豊富にあります。
本書の図案ページ色見本の隣の数字と名称は、**DMC25 番糸の色番号**です。

＊色見本と実物の刺しゅう糸の色味は若干異なることがあります。
＊他メーカーの糸を使用する際は色見本と似た色の糸を選びましょう。

数字と名称は DMC25 番糸の色番号です。

❤ 刺し本数とは

25 番刺しゅう糸は、6 本の細い糸を撚ってあります。「刺し本数」とは、その細い糸を何本使うか示しています。
たとえば「2 本取り」は刺し本数が 2 本ということです。
刺しゅう糸を使いやすい長さに切った後、1 本ずつ細い糸を取り出し、刺し本数分をまとめてから針に通しましょう。

＊本書の作品は目の細かい刺しゅう布を使用しているので、2 本取りで刺しています。線を太くしたい場合や、布の目数によっては 3 本取りにしましょう。

❤ 針について

専用の布で制作する場合は、針先が丸いクロスステッチ専用の針を使用します。
刺し本数が 1～2 本取りの時は 24 番の刺しゅう針を選びましょう。
目が細かい布に刺す場合は、針先がとがったフランス刺しゅう針がおすすめです。

❤ 布について

クロスステッチ専用の布には、大きく分けて平織りとブロック織りの2種類があります。
素材は麻（リネン）や綿が中心です。下記の布の特色を参考にしながら、好きな色や素材の布を選びましょう。

- 平織り（リネン・エタミンなど）
  経糸と緯糸が1本ずつ織られた布。
  目数は2目ごとに1目としてカウントする。布目が細かく、目数をカウントするのに慣れが必要なので、上級者向け。

- ブロック織り（アイーダ・インデアンクロス・ジャバクロス・オックスフォードなど）
  経糸と緯糸が束になり格子状に織られた布。束と束の間の適度なすき間に針を刺していく。
  目数はブロック（束）ごとにカウントする。目がカウントしやすく、針も通しやすいので初心者にもおすすめ。

❤ カウント、目数とは

布の密度を示す単位のこと。目数は10cmの間に布目が何目あるか、カウントは1inchの間に何目あるかを示します。目数によって作品の仕上がりサイズや、刺し本数が変わります（▶右図参照）。

表示例
- 1inchに□ct（カウント）　＊1inch＝2.54cm　主に海外メーカーの布に表記される
- 1cmに□目
- 10cmに□目

＊平織りの刺しゅう布の場合、2目ごとに1目としてカウントすることが多いです。

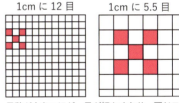

目数が大きいほど、目が細かくなり、同じモチーフでも作品の仕上がりサイズが小さくなります。

❤ その他の道具

- 刺しゅう枠
  木製やプラスチック製のものがあります。布をピンと張ることができるので、刺しゅうがしやすくなります。

刺し方について *comment broder*

クロスステッチは布に図案を写しません。
図案のマス目を数え、同じように布目に刺していきます。

 クロスステッチ　LE POINT DE CROIX

● **クロスステッチ**は、2本のななめに交わる線でつくるステッチ（刺しゅうの刺し方、刺し目）です。単体で刺したり(1)、連続して刺すこともできます(2)。連続させる場合、糸はいつも同じ方向に規則正しく刺していくことが大切です。たとえば、左下から右上へ、戻る時には右上から左下へ…と刺す順序を決めましょう。

　図案でステッチ同士の位置が離れている場合は、次のステッチへ移る前にひとつのステッチを完結させましょう。よりきれいに仕上げることができます。

▶ 刺し方の記号（図案ページ P14 ～）
　　■：糸の色で塗られたマス目・・・クロスステッチで刺す

1. クロスステッチ（単体）　point de croix simple

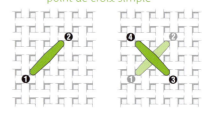

2. クロスステッチ（連続）　point de croix en continu

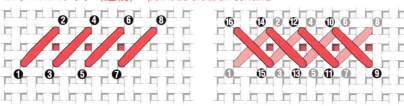

その他のステッチ　**LES AUTRES POINTS**

● **ハーフクロスステッチ**は、クロスステッチの片方の対角線のみ刺すステッチです（左ページ2の左側）。
  ▶ 刺し方の記号（図案ページ P14 〜）
    ◸：糸の色の対角線・・・ハーフクロスステッチで刺す

● **バックステッチ**では、二刺し目（②）で布の裏側から（③）、一度刺した②の刺し目にもう一度刺します（④）。
　一般的にクロスステッチよりも多くの糸を使います。クロスステッチの輪郭に沿って刺すことができます。ステッチを延ばすことも、斜めに形作っていくこともできます（3）。
  ▶ 刺し方の記号（図案ページ P14 〜）
    ：糸の色の直線・・・バックステッチで刺す

3. バックステッチ point arrière

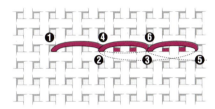

● **フレンチナッツステッチ**は、結び目を作るステッチです（4）。
  ▶ 刺し方の記号（図案ページ P14 〜）
    ⊡：糸の色の小さな丸・・・フレンチナッツステッチで刺す

4. フレンチナッツステッチ point de nœud

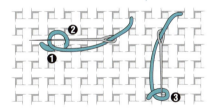

作ってみよう！ *c'est parti !*

 ハサミケース　L'ÉTUI À CISEAUX

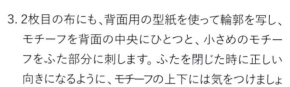

用意するもの
- 12cm × 20cm の刺しゅう布・・・2枚
  - どちらか
    - リネン 32ct（1cm ／ 12 目／2本取り）
    - アイーダ（1cm ／ 5.5 目／3本取り）

1. まず型紙を作ります。紙の上にハサミを置きましょう。ハサミから 1cm 外側に、三角形の輪郭を描きます。正面用、背面用に同じ大きさのものを二つ作ったら、ケース背面用の三角形の上部に、ケースのふた部分の半円を描きましょう。

2. 正面用の型紙を布の上に置いて輪郭を写します。中央にクロスステッチでモチーフをひとつ刺していきます。背面のふた部分が刺しゅうの上部を隠してしまわないように位置に気をつけて下さい。試しに刺してみてから、必要であれば型紙を直して調整しましょう。

3. 2枚目の布にも、背面用の型紙を使って輪郭を写し、モチーフを背面の中央にひとつと、小さめのモチーフをふた部分に刺します。ふたを閉じた時に正しい向きになるように、モチーフの上下には気をつけましょう。

4. できあがったら正面と背面それぞれの刺しゅうの面を内側にして縫い合わせます。2枚の布をマチ針で留めて、ハサミの入る上面以外、仕上がり線をかがり縫いします。縫い終わったら、布の端は縫い線から 5mm の余裕を残して切り取り、裏返しましょう。

point
より完成度を高めるために、ふたの部分にほつれ防止のかがり縫いをしたり、裏に接着芯をつけるなどしてもよいでしょう。

▶図案ページ：P35

ビスコーニュ　LE BISCORNU
（ひねり八角形ピンクッション）

2. 刺しゅうの面を中表に折る

3. 2枚の布の辺同士を合わせながらかがり縫いを一周する

用意するもの
- 22cm × 22cm の正方形の刺しゅう布・・・2枚
  - どちらか
    - リネン 32ct（1cm ／ 12目／2本取り）
    - アイーダ（1cm ／ 5.5目／3本取り）
- 綿

1. 正方形の布の中央に、クロスステッチでビスコーニュ用の正方形のモチーフを刺しゅうします。2枚目の布にも同じように、ひとつめの刺しゅうと同じ大きさになるように刺しゅうします。でき上がったら、それぞれのモチーフのまわりに1cmほどの余白を残して、周囲を切り取ります。余白の部分は、モチーフの正方形の仕上がり線で折って、しつけ針で留めましょう。

2. 2枚の布の辺を半分ずらすように合わせます。まず、片方の正方形の一辺の中央にマチ針で印をつけます（）。もうひとつの正方形のいずれかの角を、先ほどのマチ針の位置に重ねてから、刺しゅうが中表になるように留めます。

3. マチ針を打った箇所から、二つの布の辺を合わせながらかがり縫いで一周縫い合わせます。すべて縫い終えて綴じる前に、中に綿を詰めて下さい。

point
布2枚を重ねた状態で真ん中にクロスステッチをひとつ作ったり、ボタンを縫い付けてもかわいい仕上がりになります。

▶図案ページ：P36

ベルランゴ　**LE BERLINGOT**
（四面体の硬いボンボン、テトラパック型の飾り）

4. 綴じていない辺を一度開き、●印が合わさるように折ると三角錐の形になる

用意するもの
- 15cm × 25cm の刺しゅう布・・・1枚
- ［どちらか］リネン 32ct（1cm／12目／2本取り）
　　　　　　アイーダ（1cm／5.5目／3本取り）
- 16cm のリボン
- 綿　・手芸用サインペン

1. 布の中心にくるようにボーダーの模様を刺しましょう。刺し終わったら刺しゅうの位置が中心になるように、9cm × 16cm の長方形を手芸用サインペンで書き、そのとおりに切ります。

2. 刺しゅうが中表になるようにして長い方の辺を半分に折ります。上面と側面の二辺を、その 1cm 内側をピンで留めた後に、かがり縫いをします。側面のもう一辺は縫わずに残しておきます。

3. 刺しゅうが表になるように裏返し、中に綿をつめます。

4. まだ綴じていない側面を一度開き、袋の口の両端（●）同士が合わさるように綴じ直します。これで四面の立体（三角錐）になります。端から 1cm のところをピンで留め、細かいかがり縫いで綴じて下さい。この時、リボンの端を綴じていない側面の角に合わせ、一緒に縫い込みます。

point
ボーダー模様を好きな幅で刺し、刺しゅうのサイズに合わせ布を長方形にカットすると、色々な大きさのベルランゴを作ることができます。

▶図案ページ：P38、41、42、77など

しおり　LE MARQUE-PAGE

用意するもの

- 刺しゅうテープ 20cm × 5cm・・・1本
  ※テープ状になった刺しゅう専用布。
  　クロスステッチテープとも呼ばれる。

  もしくは、15cm × 30cm の刺しゅう布
  どちらか [リネン（1cm ／ 12 目／ 2 本取り）
  　　　　 アイーダ（1cm ／ 5.5 目／ 3 本取り）
- 幅 4cm のグログラン・リボン（平織りのリボン）20cm
- 手芸用のり

1. 刺しゅうテープの中央に好きなモチーフを刺しゅうしましょう。

   ＊ 刺しゅう布で作る場合は、布を 5cm × 20cm の長方形に切り取り、周囲がほつれないようにかがり縫いをするか、1cm の余白を残して切り取り、端（余白部分）を裏側に折り込み、手芸用のりで貼付けて使用して下さい。

2. テープの切り口がほつれないように、しおりの端を、端から 2.5cm のところで裏側に折り、手芸用のりで貼付けるか、かがり縫いをしましょう。

3. しおりの裏側全体にグログラン・リボンを手芸用のりで貼り、刺しゅうの縫い跡や折り込み部分を隠しましょう。

▶図案ページ：P67

1ère partie
La douce maison

第1章　暮らし

おうちの中を刺しゅうの作品で彩ることができたら、とても素敵なことでしょう。
きれいなお菓子をパステルカラーの糸で、ティーセットはちょっとレトロな配色に…、
ボーダーの飾り模様はこの色にしようかな。考えだしたら止まらない！
この章では、暮らしの中の身近ですてきなモチーフをたくさん紹介しています。
好きなモチーフを選んで、テーブルクロス、壁掛け、瓶のラベルにビスコーニュなど
色々なものに楽しく刺しゅうしてみましょう。

モチーフ一覧

Bienvenue à la maison　家へようこそ	P14
Maisons　家々	P15
Bienvenue dans ma cuisine　キッチンへようこそ	P16
Gourmandises　お菓子	P17
Étiquette　ラベル	P18
Cuisine　キッチン	P20
Porcelaine　磁器	P21
Dictons　ことわざ等	P22
Anniversaire　お誕生日おめでとう！	P23
Bébé　ベビーグッズ	P24
Naissance　誕生	P26
Faire-part de naissance　誕生のお知らせ	P27
Lingerie　ランジェリー	P28
La salle de bain　バスルーム	P29
Bonheur　幸せ	P30
Anges　天使	P32
Amitiés　友情	P33
Bienvenue à l'atelier　アトリエへようこそ	P34
Motifs d'étui à ciseaux　ハサミケースのモチーフ	P35
Motifs de biscornu　ビスコーニュのモチーフ	P36
Motifs de gri-gri　グリグリのモチーフ	P37
Frises　花モチーフのボーダー	P38
Cœurs　ハート	P40
Frises　飾りボーダー	P41
Frises　裁縫道具のボーダー	P42
Motifs géométriques　幾何学模様	P43
Merci　ありがとう	P44
Expressions　言葉のフレーズ	P45
Abécédaire　アルファベット	P46
Belles lettres et chiffrier　装飾文字と数字	P47
Motifs de gri-gri　グリグリのモチーフ	P48
Bijoux et accessoires　アクセサリー	P49
Poupées　人形たち	P50
Musique　音楽	P52
Danse　ダンス	P53

Bienvenue à la maison　家へようこそ

| | 3685 |
| | 3350 |

作 ヴェロニク・アンジャンジェ

Maisons 家々

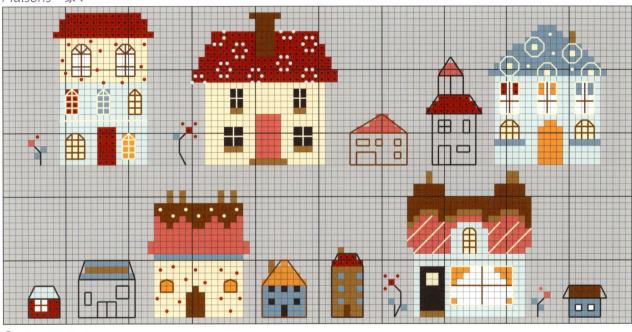

作 エレーヌ・ル・ブール

Bienvenue dans ma cuisine 　キッチンへようこそ

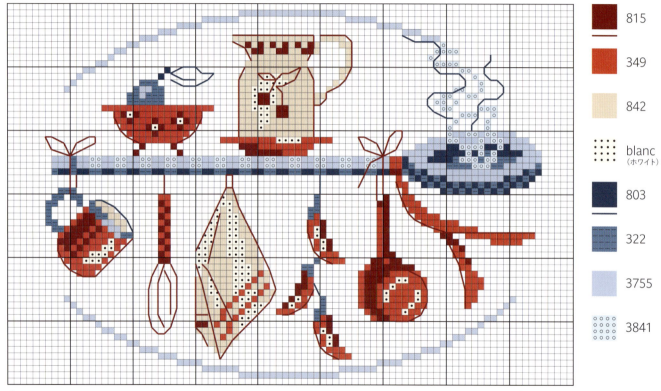

作 ヴェロニク・アンジャンジェ

Gourmandises　お菓子

	blanc (ホワイト)
	963
	3716
	666
	3078
	420
	3761
	3760
—	961

作 エレーヌ・ル・ブール

Étiquette ラベル

	827
	813
	825

作 コリンヌ・ラクロワ

RECETTE =レシピ

Cuisine キッチン

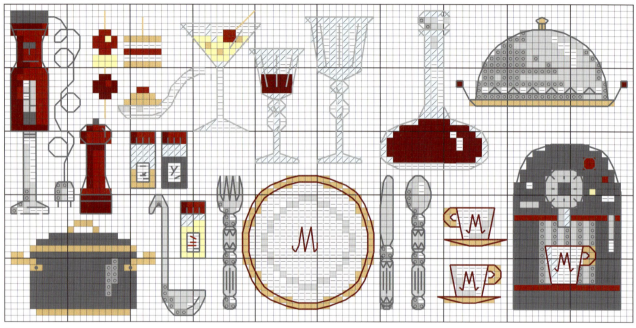

作 コリンヌ・ラクロワ

775　B5200　415　318　3799　814　816　437　744

Porcelaine 磁器

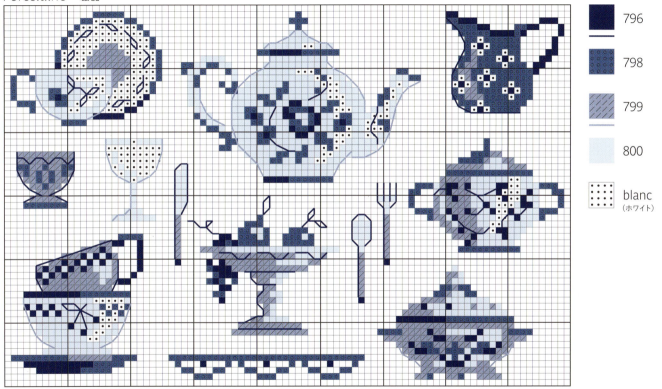

■	796
▨	798
▨	799
░	800
⁘	blanc (ホワイト)

作 ヴェロニク・アンジャンジェ

Dictons ことわざ等

作 コリンヌ・ラクロワ

- Le (chocolat) élimine tous les tracas. =チョコレートはあらゆる気苦労を消し去る
- 100%Bio = 100% 有機栽培
- (Lune) rousse, rien ne pousse. =赤い月では何も育たない
- Cris de (mouette) signe de tempête. =カモメの鳴き声は嵐の前触れ

Anniversaire お誕生日おめでとう!

B5200	
518	
704	
3855	
3854	
434	
3831	
554	
604	

作 コリンヌ・ラクロワ

JOYEUX! ANNIVERSAIRE =お誕生日おめでとう

Bébé ベビーグッズ

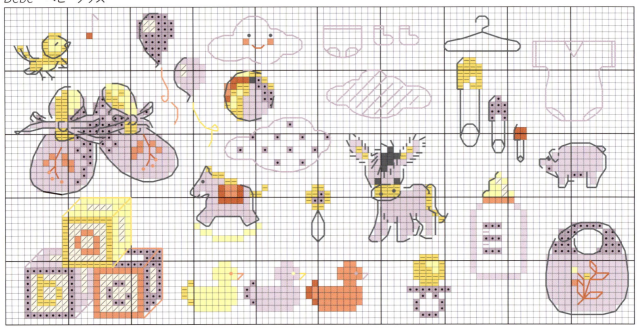

作 エレーヌ・ル・プール

Naissance 誕生

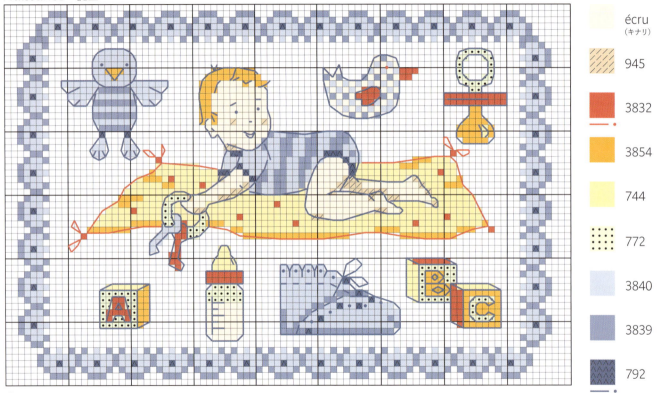

	écru (キナリ)
	945
	3832
	3854
	744
	772
	3840
	3839
	792

Faire-part de naissance　誕生のお知らせ

317	
318	
415	
3865	
3855	
437	
435	
300	
225	

作 コリンヌ・ラクロワ

Romain =ロマン（人名）

Lingerie　ランジェリー

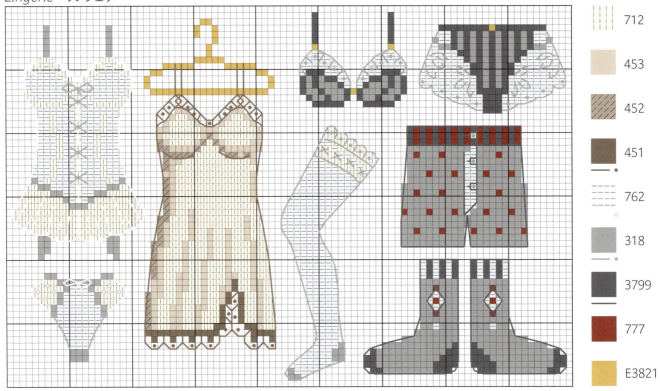

	712
	453
	452
	451
	762
	318
	3799
	777
	E3821

作　コリンヌ・ラクロワ

La salle de bain バスルーム

作 エレーヌ・ル・プール

| blanc (ホワイト) | 3078 | 225 | 3761 | 519 | 964 | 315 | 902 | 3722 |

Bonheur 幸せ

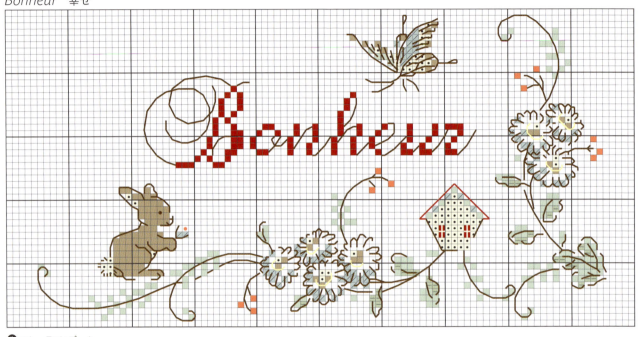

作 エレーヌ・ル・プール

| | 746 | | 3782 | | 955 | | 3348 | | 964 | | 351 | | 498 | — • 3781 | — 727 |

Anges　天使

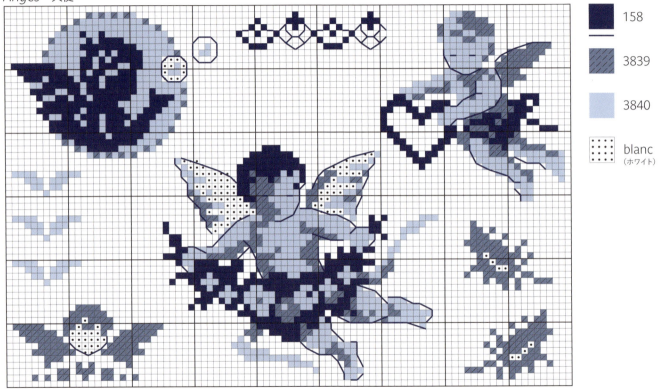

作　ヴェロニク・アンジャンジェ

Amitiés 友情

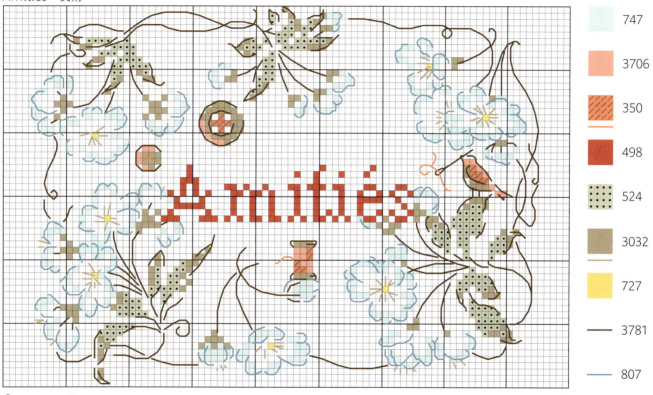

░	747
▨	3706
▨	350
▬	498
⣿	524
▨	3032
▨	727
—	3781
—	807

作 エレーヌ・ル・ブール

Bienvenue à l'atelier　アトリエへようこそ

	3685
	3832
	3326
	632
	3064
	blanc (ホワイト)
	580
	166

作　ヴェロニク・アンジャンジェ

Motifs d'étui à ciseaux ハサミケースのモチーフ

作ってみよう！：P8

	902
	3803
	3688
	3689
	3866
	472
	470

作 コリンヌ・ラクロワ

Motifs de biscornu ビスコーニュ(=ひねり八角形のピンクッション)のモチーフ　　　作ってみよう！：P9

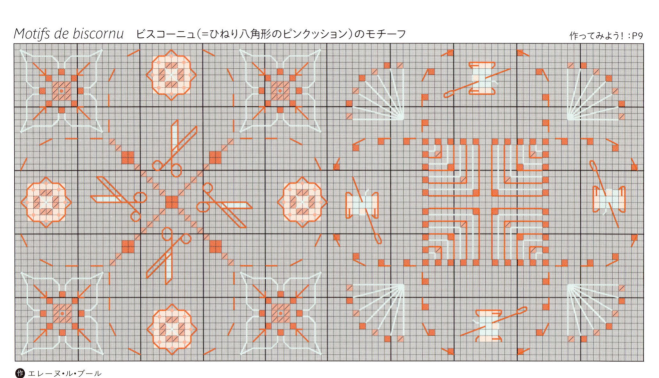

作 エレーヌ・ル・プール

Motifs de gri-gri   グリグリ(=綿入りマスコット)のモチーフ

	3832
	3326
	818
	3348

作 ヴェロニク・アンジャンジェ

Frises 花モチーフのボーダー

作 エレーヌ・ル・ブール

| | 3047 | | 964 | | 778 | | 316 | — 3802 |

Cœurs ハート

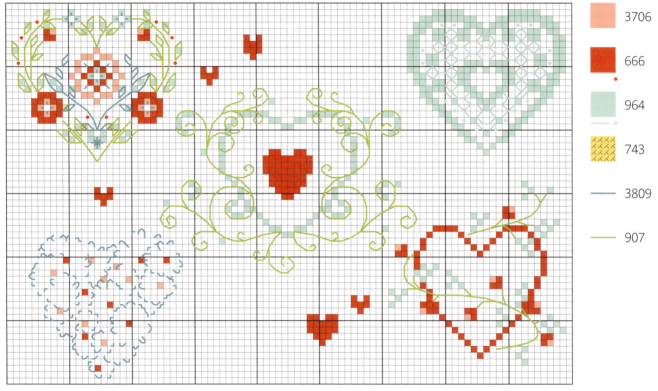

■	3706
■	666
■	964
▨	743
—	3809
—	907

作 エレーヌ・ル・プール

Frises 飾りボーダー

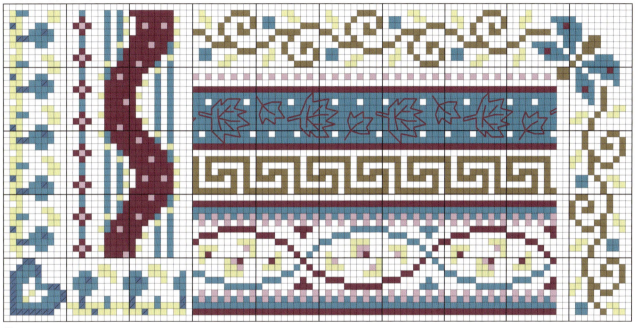

作 コリンヌ・ラクロワ

554　327　826　807　3819　611

Frises 裁縫道具のボーダー

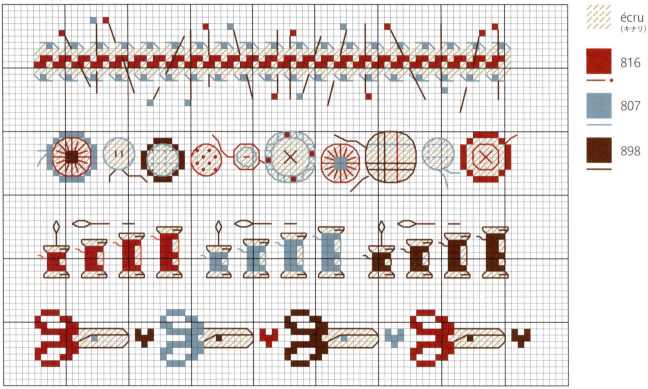

作 エレーヌ・ル・プール

Motifs géométriques 幾何学模様

作 コリンヌ・ラクロワ

Merci　ありがとう

■	3685
—	3350
■	603

作 ヴェロニク・アンジャンジェ

- *Merci POUR TOUT* = いろいろありがとう
- *UN GRAND MERCI* = 大きな感謝を

Expressions 言葉のフレーズ

- 930
- 347
- blanc (ホワイト)

作 ヴェロニク・アンジャンジェ

- *Les (dès) sont jetés* =賽は投げられた
- *en toute amitié* =友情を込めて
- *Don't worry Be happy !* =心配しないで、幸せでいよう！
- *N'OUBLiE PAS* =忘れないで
- *silence je brode* =静かに、刺しゅうをしています
- *ne pas déranger* =そっとしておいてください

Abécédaire アルファベット

	902
	498
	3832

作 コリンヌ・ラクロワ

Belles lettres et chiffrier　装飾文字と数字

518
347

作　ヴェロニク・アンジャンジェ

Motifs de gri-gri グリグリ(=綿入りマスコット)のモチーフ

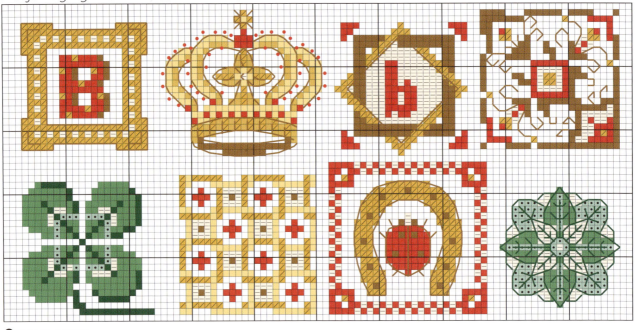

作 コリンヌ・ラクロワ

Bijoux et accessoires　アクセサリー

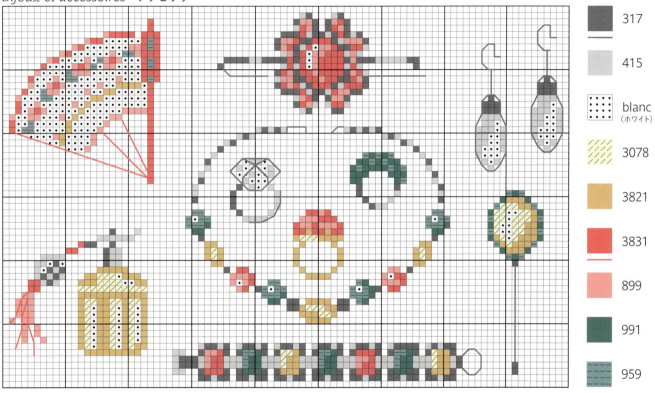

作　ヴェロニク・アンジャンジェ

Poupées 人形たち

作 エレーヌ・ル・プール

| blanc (ホワイト) | 165 | 819 | 351 | 326 | 597 | 924 | 3772 | 3031 |

Musique 音楽

作 コリンヌ・ラクロワ

| 676 | 729 | 435 | 434 | 310 | 3799 | 317 | blanc (ホワイト) |

Danse ダンス

作 コリンヌ・ラクロワ

| 676 | 721 | 817 | 151 | 819 | 739 | 945 | 413 | 310 |

2ème partie
Animaux, Nature, Saisons

第2章　動物、草花、季節

自分の大好きなものをモチーフにして刺しゅうができたら、とても幸せなことでしょう！
おうちの可愛いペットたち、太陽をいっぱい浴びた果物や野菜、
季節のシンボル、海辺の風景、山小屋のインテリア、それからそれから…。
この章では、かわいい動物、草花、季節にまつわるモチーフを紹介しています。
お気に入りのモチーフを見つけたら、そのまま刺しゅうしてもよいですし、
自由にアレンジしてもよいでしょう。
あなたの好みに合わせて楽しく刺しゅうしましょう。

モチーフ一覧

Chats　猫	P56
Chiens　犬	P57
Lapins　うさぎ	P58
Souris　ねずみ	P59
Ours　クマ	P60
Grenouilles　カエル	P61
Insectes　虫たち	P62
Chouettes　ふくろう	P63
Oiseaux　鳥	P64
Papillons　蝶	P66
Motifs de marque-page　しおりのためのモチーフ	P67
Mariage　結婚	P68
Abécédaire　アルファベット	P69
Poules　にわとり	P70
Vaches　牛	P72
Campagne　田舎	P73
Légumes　野菜	P74
Fruits　果物	P75
Bouquets　花束	P76
Frises　花モチーフのボーダー	P77
Arbres　木	P78
Je suis au jardin　私は庭にいます	P80
Printemps　春	P81
Pâques　イースター	P82
Fête des mères　母の日	P83
Été　夏	P84
Bord de mer　浜辺	P85
Automne　秋	P86
Halloween　ハロウィン	P88
Hiver　冬	P89

Chats 猫

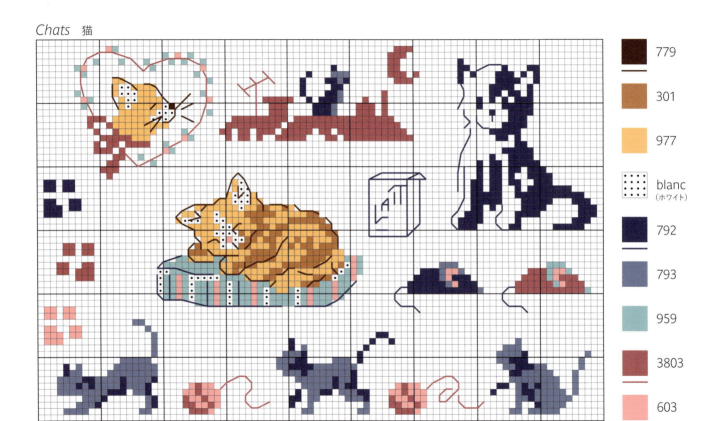

作 ヴェロニク・アンジャンジェ

Chiens 犬

作 ヴェロニク・アンジャンジェ

TOUTOU = わんちゃん

433	
436	
738	
blanc (ホワイト)	
318	
310	
347	
906	
807	

Lapins うさぎ

作 エレーヌ・ル・ブール

| | 772 | | 747 | | 742 | | 3782 | | 3781 | | 956 |

Souris　ねずみ

	blanc (ホワイト)
	3713
	957
	3078
	644
	3031

作 エレーヌ・ル・ブール

Ours クマ

	746
	727
	963
	894
	3801
	598
	3782
	3790
	838

作 エレーヌ・ル・プール

Grenouilles カエル

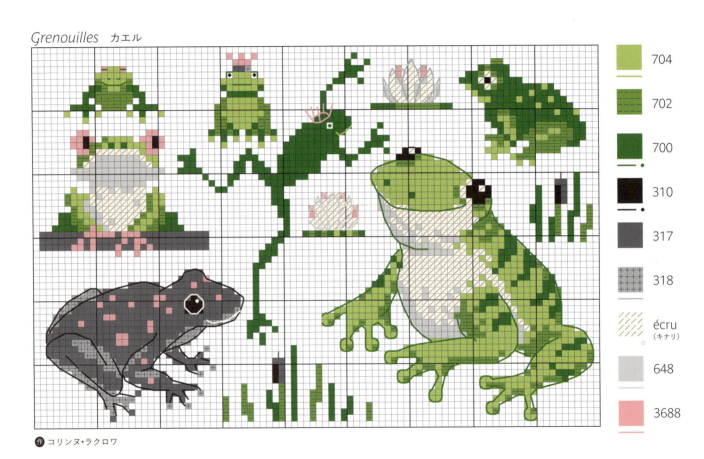

	704
	702
	700
	310
	317
	318
	écru (キナリ)
	648
	3688

作 コリンヌ・ラクロワ

Insectes 虫たち

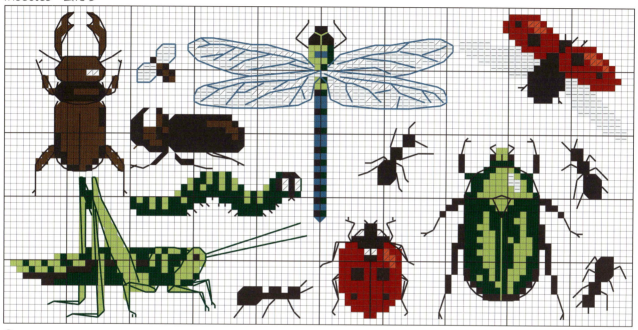

作 コリンヌ・ラクロワ

blanc (ホワイト) | 762 | 3760 | 704 | 909 | 350 | 321 | 838 | 310

Chouettes　ふくろう

■	3750
■	3755
▧	blanc (ホワイト)
■	470
■	349
■	437
■	420
■	898

作　ヴェロニク・アンジャンジェ

Oiseaux 鳥

	762
	318
	317
	413
	310
	336
	347
	677
	742

作 コリンヌ・ラクロワ

Papillons 蝶

Motifs de marque-page  作ってみよう！：P11

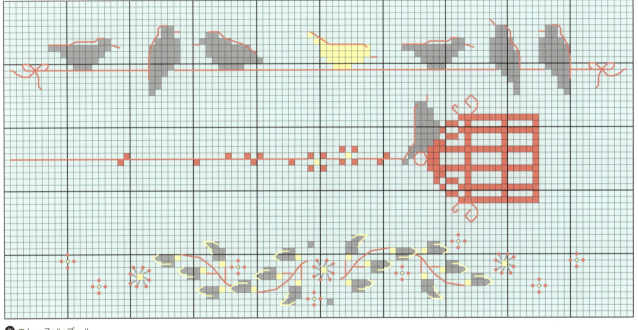

| 318 | 956 | 727 |

Mariage　結婚

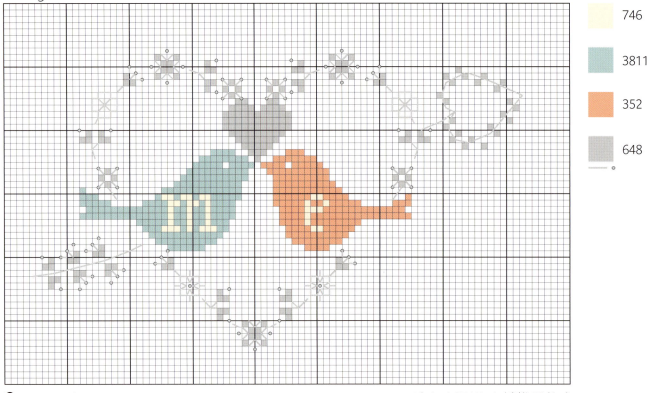

	746
	3811
	352
	648

作 エレーヌ・ル・プール

*イニシャルのアルファベットを刺してみましょう

Abécédaire アルファベット

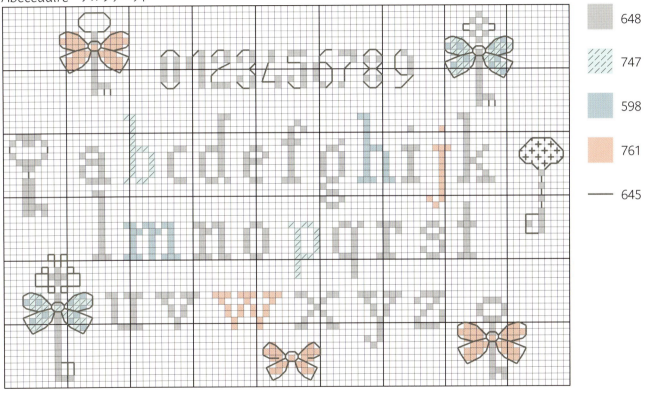

648
747
598
761
645

作 エレーヌ・ル・ブール

Poules　にわとり

	3799
	168
	blanc (ホワイト)
	704
	726
	977
	301
	3857
	349

作　ヴェロニク・アンジャンジェ

Vaches 牛

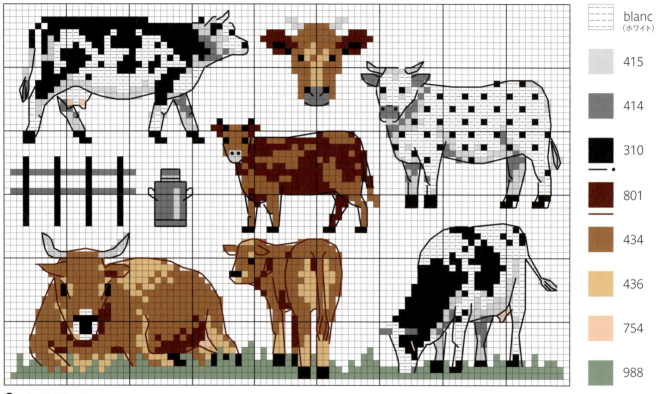

	blanc (ホワイト)
	415
	414
	310
	801
	434
	436
	754
	988

作 コリンヌ・ラクロワ

Campagne 田舎

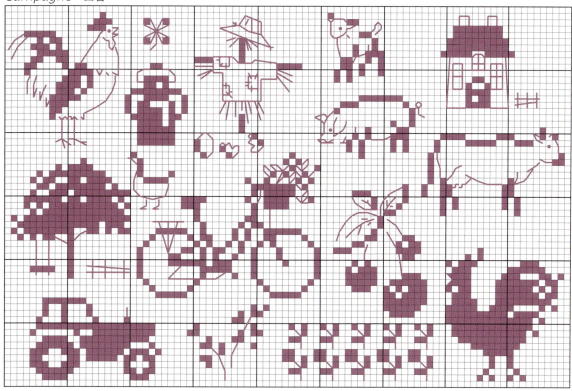

208

Légumes 野菜

作 コリンヌ・ラクロワ

3782 | écru (キナリ) | 472 | 989 | 987 | 721 | 900 | 321 | 3687

Fruits 果物

作 ヴェロニク・アンジャンジェ

Bouquets　花束

作　ヴェロニク・アンジャンジェ

Frises 花モチーフのボーダー

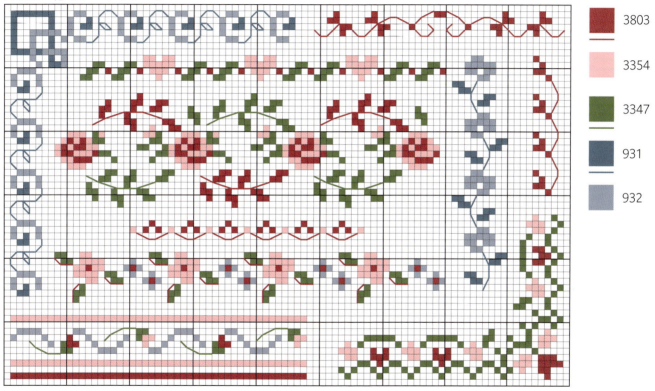

3803	
3354	
3347	
931	
932	

作 ヴェロニク・アンジャンジェ

Arbres 木

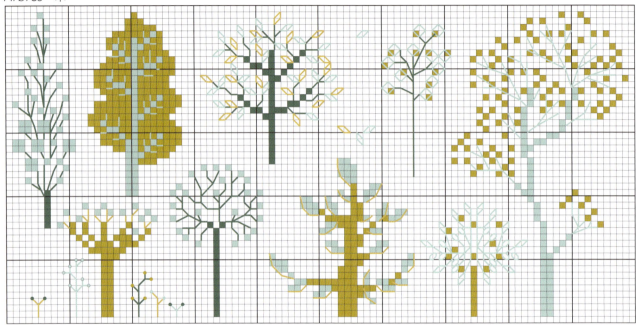

作 エレーヌ・ル・プール

| | 733 | | 3766 | | 502 |

Je suis au jardin　私は庭にいます

作 エレーヌ・ル・ブール

Printemps 春

	911
	913
	807
	3761
	301
	300
	3831
	3706
	726

作 ヴェロニク・アンジャンジェ

Pâques イースター

作 ヴェロニク・アンジャンジェ

Fête des mères　母の日

ヴェロニク・アンジャンジェ

- *bonne fête Maman* ＝お母さんおめでとう
- *Pour Maman* ＝お母さんへ

Été 夏

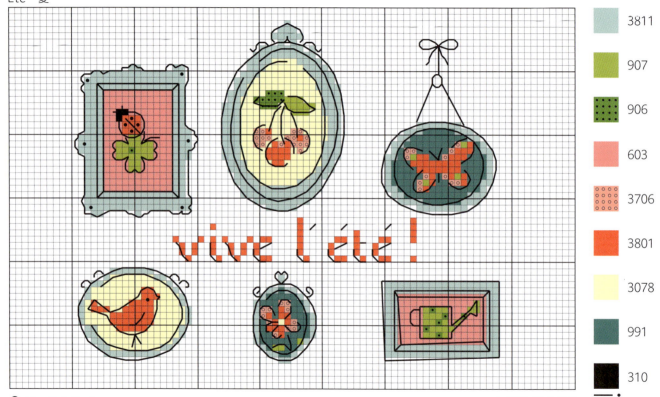

vive L'été! =夏バンザイ!

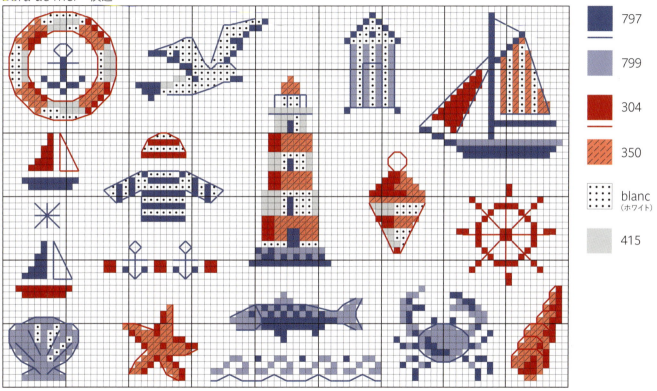

Bord de mer　浜辺

作 ヴェロニク・アンジャンジェ

Automne 秋

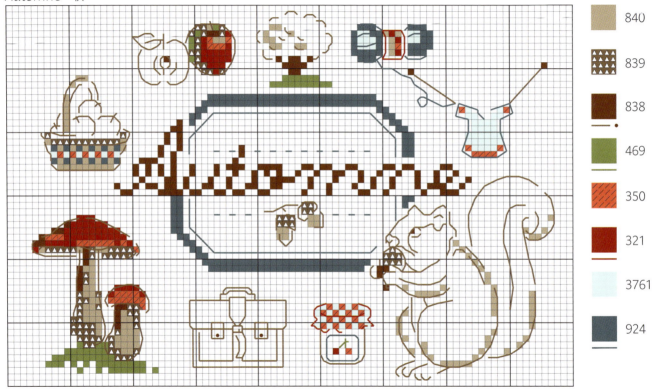

	840
	839
	838
	469
	350
	321
	3761
	924

作 エレーヌ・ル・ブール

Halloween ハロウィン

722	
721	
817	
3836	
310	

作 エレーヌ・ル・ブール

happy halloween ＝よいハロウィンを

Hiver 冬

作 コリンヌ・ラクロワ

Couronnes　リース

作 ヴェロニク・アンジャンジェ

Noël クリスマス

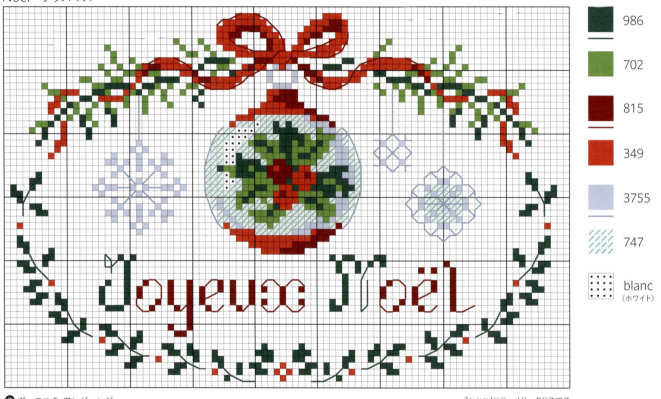

	986
	702
	815
	349
	3755
	747
	blanc (ホワイト)

作 ヴェロニク・アンジャンジェ

Joyeux Noël =メリークリスマス

Nouvel an　新年

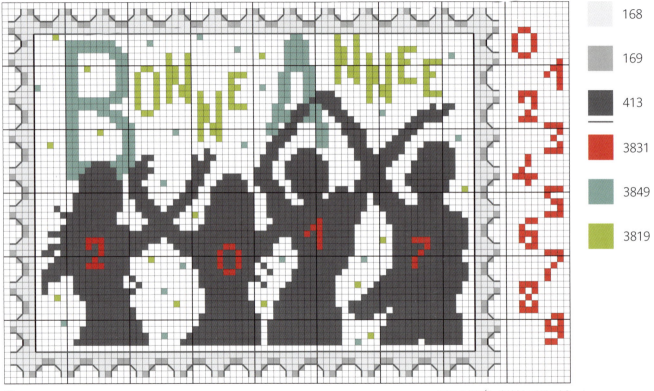

作 コリンヌ・ラクロワ

BONNE ANNÉE =あけましておめでとう

Montagne 山の風景

989
519
415
3865
3821
437
434
898
321

作 コリンヌ・ラクロワ

フランスの裁縫箱でみつけた
ちいさなクロスステッチ600

2016年11月20日　第1刷発行

著　　　者　ヴェロニク・アンジャンジェ
　　　　　　コリンヌ・ラクロワ
　　　　　　エレーヌ・ル・ブール
訳　　　者　築野友衣子
発 行 者　田上妙子
印刷・製本　モリモト印刷株式会社
発 行 所　株式会社マール社
　　　　　〒113-0033
　　　　　東京都文京区本郷1-20-9
　　　　　ＴＥＬ　03-3812-5437
　　　　　ＦＡＸ　03-3814-8872
　　　　　http://www.maar.com/

ISBN978-4-8373-0648-1　Printed in Japan
ⓒMaar-sha Publishing Co., LTD., 2016
※乱丁・落丁の場合はお取り替えいたします。

■ 装幀／坂根舞（井上則人デザイン事務所）
■ 日本語版制作／仲田直美（Mori Ornament）